AF257204

LA PAIX ARMÉE

(La France peut en alléger le poids)

LA PAIX ARMÉE

(La France peut en alléger le poids)

PAR

MESSIMY

DÉPUTÉ DE LA SEINE

PARIS (5ᵉ)

V. GIARD & E. BRIÈRE

LIBRAIRES-ÉDITEURS

16, RUE SOUFFLOT ET RUE TOULLIER, 12

1903

AVERTISSEMENT

Ceux qui, par calcul ou par ignorance, méconnaissent les idées pacifistes, nous font volontiers cette objection : « En supposant que vous arriviez à multiplier les traités d'arbitrage, vous n'amènerez pas les peuples à un désarmement, même partiel ; aucun d'eux, en tous les cas, ne voudra prendre la dangereuse initiative de cette mesure. Vous laisserez donc peser sur eux le fardeau toujours plus lourd de la *PAIX ARMÉE.* »

À ces noirs prophètes — qui ne veulent pas reconnaître que la disparition progressive des guerres serait déjà un phénomène fort appréciable, — M. Messimy, un ancien officier d'État-Major, devenu député de la Seine, répond victorieusement qu'il est, non pas dangereux, mais indispensable et expédient, pour la France, de procéder à une réduction de ses charges militaires ; et il démontre clairement qu'une réforme d'abus trop anciens ne fera que fortifier les véritables éléments de la défense nationale.

Nous remercions à la fois M. Messimy et M. Finot, directeur de la « Revue » (ancienne « Revue des Revues »), qui nous ont permis de publier, dans notre BIBLIOTHÈQUE, le remarquable travail qu'on va lire : c'est un lumineux résumé, mis à la portée de tous, de la proposition de loi déposée récemment sur le bureau de la Chambre des députés par M. Messimy, et tendant « à modifier l'organisation de l'armée métropolitaine, « à organiser une armée coloniale entièrement au- « tonome, et à réduire les cadres, les effectifs, les « charges militaires de la République. »

L'importance des questions soulevées n'échappera à aucun de nos lecteurs.

S.-P.

LA PAIX ARMÉE
LA FRANCE PEUT EN ALLÉGER LE POIDS

I

Des entrevues récentes ont, une fois de plus, fourni aux chefs d'Etat des occasions solennelles d'affirmer leurs aspirations pacifiques ; pendant les mois qui viennent de s'écouler, empereurs, rois, présidents de Républiques, ont proclamé de nouveau dans de multiples discours que la paix est le plus cher de leurs désirs, que l'harmonie la plus complète règne entre les grandes puissances.

Parfois, lorsque tel prince, qu'il est superflu de nommer, parle de la Paix du monde sur le ton emphatiquement déclamatoire qui lui est familier, on est tenté de penser qu'il forme au même moment des vœux secrets pour que le jour luise enfin où il pourra tirer du fourreau la glorieuse épée.qu'il apporte un soin constant à fourbir. Mais, si, à côté des rois ou empereurs sincèrement ou profondément pacifiques, il en est d'autres qui ne se résignent peut-être qu'avec peine à vivre leur existence sans batailles et sans chevauchées guerrières, du moins les peuples, chaque jour, en tous les pays du monde, plus maîtres de leurs propres destinées, les peuples qui jugent la guerre avec clairvoyance et la voient dans toute sa réalité horrible et brutale depuis le jour où, par le service militaire personnel et par le suffrage universel les mêmes hommes qui font les lois sont ceux qui feraient la guerre, les peuples, de plus en plus, se refusent à penser que celle-ci soit un événement naturel, normal et, pour ainsi dire, régulier dans la vie des nations. Les peuples veulent passionnément la paix et, au xxᵉ siècle, ils sont des maîtres devant lesquels les souverains s'inclinent et chaque jour s'inclineront un peu plus bas.

Pourtant les charges militaires deviennent de plus en plus pesantes et lourdes : constatation à la vérité presque banale, mais qu'on ne saurait pourtant se lasser de redire sans cesse, sans trève et sans repos, avec la persistante et tenace espérance que la lumière finira par pénétrer dans l'esprit des peuples qui supportent bénévolement, sans protestation et sans mur-

mure, le fardeau constamment croissant de dépenses improductives et stériles.

Sans remonter au delà de trente années, on constate qu'en 1875, cinq années après la néfaste guerre de 1870, les charges militaires de l'Europe (guerre et marine) n'étaient que de 3 milliards 1/2. Dix ans après, en 1886, elles ont augmenté de 1 milliard.

A partir de cette époque l'Europe cesse de trembler toute entière sous l'incessante menace, chaque année renouvelée, de la « guerre au printemps ». Mais si, dans tous les pays, les patriotes professionnels ne font plus peur à personne, en agitant constamment le bruyant épouvantail du grand conflit prochain et inévitable, l'accroissement des charges de guerre devient plus rapide, plus extraordinaire et fantastique, disons la vérité, plus ridiculement incohérent, à mesure que s'éloigne la vision sanglante de la prochaine « bataille des nations ».

De 4 milliards 1/2 en 1886, les dépenses permanentes de l'Europe militaires montent à 6 milliards en 1897, et, sans tenir compte des dépenses de la guerre du Transvaal, à plus de 8 milliards en 1902, en même temps d'ailleurs que les effectifs de paix des armées européennes s'accroissent de quelque 500.000 hommes, en passant de 2.600.000 à 3.100.000.

1*

C'est dans ce même laps de temps, pendant les dernières années du xix° siècle finissant, que le développement commercial et industriel des Etats-Unis est venu étonner les peuples du vieux monde, stupéfait de rencontrer soudain sur tous les marchés du globe, souvent sur leurs propres territoires, la concurrence victorieuse de rivaux ardents, âpres à la lutte, puissamment organisés pour la bataille économique.

Chaque Européen, (et par là j'entends d'une façon générale aussi bien l'Allemand que le Français, l'Espagnol, le Roumain, le Russe), supporte, du seul fait de sa naissance sur le sol du vieux monde, une charge de dépenses stériles et improductives, qui pèse d'un poids bien moindre sur ses rivaux transatlantiques. Les armées de l'Europe coûtent à chacun de nous « de ce côté de l'eau » 25 francs par an ; les Américains ne payent, de ce fait, que 12 francs environ. Les dettes des Etats de l'Europe qui sont, pour ainsi dire, exclusivement d'origine militaire, exigent de chacun de nous une annuité moyenne de 15 francs, annuité moyenne qui n'est que de 4 francs pour les citoyens des Etats-Unis. Et non-seulement, pour ceux-ci, la charge des dépenses stériles est seulement de 16 francs par tête au regard de 40 francs par tête dans la vieille Europe : mais encore ils jouissent de ce privilège inestimable de ne pas connaître le poids accablant du service militaire universel. Alors que l'Europe entretient en temps de paix 10.000 soldats par million d'habitants, l'Amérique en a proportionnellement dix fois moins : comme l'Angleterre, mais plus favorisée encore qu'elle, elle ne souffre pas de cette dépense d'hommes infiniment plus coûteuse encore que les dépenses d'argent, de cette perte de richesses qui résulte du brusque arrêt de travail d'une génération tout entière de jeunes hommes, en plein labeur, en pleine reproduction et en pleine force.

Et comme conséquence, des excédents budgétaires totalement inconnus en Europe, de 550 millions en 1890, de 400 millions en 1901 ; une dette chaque année diminuée ; un commerce merveilleusement accru.

En face de la jeune Amérique, l'Europe apparaît dans la situation d'une vieille maison de commerce, chargée d'une lourde dette, supportant des frais généraux énormes, encombrée d'un innombrable personnel de surveillance et d'administration inutile et à demi oisif, se trouvant en lutte avec des maisons concurrentes, puissantes, modernes, et jeunes, qui ont su réduire leurs frais généraux au minimum, qui ne sont grevées ni de dettes ni d'hypothèques, et dont l'outillage est porté au plus haut point de perfection. Et, sans vouloir pousser les choses trop au sombre, je crains fort qu'ils ne soient bons prophètes, ceux qui, comme mon collègue et ami d'Estournelles de Constant, voient « le péril américain s'avançant sur l'Europe avec l'inexorable tranquillité du rouleau à écraser le macadam. »

Est-ce à dire qu'il faille, pour pouvoir affronter la lutte économique, renoncer délibérément à être forts, renoncer même à se défendre ? Bien évidemment non ! La question que j'agite ici, n'est nullement, d'ailleurs, de savoir si le désarmement absolu, total, de tous les peuples de la terre serait une chose désirable ; il ne s'agit pas, pour moi, de vanter les bienfaits, aussi évidents que lointains, d'une paix générale et universelle. Non, l'exposé que je tente de faire a seulement pour but d'établir : d'abord, que le Vieux Monde tout entier pliant sous le poids de charges stériles et improductives, sera forcément battu par le Nouveau Monde sur tous les marchés de la terre, s'il ne diminue pas ses frais généraux ; puis — c'est sur ce point surtout que je tiens à insister — que dans le Vieux Monde, la nation sur laquelle pèse le poids le plus lourd, qui porte l'armure de beaucoup la plus encombrante et la plus pesante, c'est la République Française.

Ce que je veux dire, ce n'est pas que les vaisseaux et les canons, les bataillons et les forteresses sont pour une nation, dans l'état actuel du monde, des choses inutiles et nuisibles, mais seulement que vaisseaux et canons, bataillons et forteresses, s'ils constituent un des éléments les plus importants et même les plus nécessaires de la grandeur et de la force d'un peuple, ne sont pourtant pas tout pour la grandeur et la force de ce peuple. A mes yeux ce qui, par-dessus tout, assure l'une et l'autre, c'est la *santé de la nation*, si je puis employer ce terme, ou, pour mieux dire, c'est le développement harmonique des divers organes, c'est leur juste équilibre, équilibre aujourd'hui rompu dans toutes les nations européennes, et malheureusement, chez nous plus encore qu'ailleurs, par le développement demesuré des institutions militaires.

Les dépenses militaires de l'Europe, je l'ai noté tout à l'heure, dépassent 8 milliards ; ou, en d'autres termes, la charge moyenne qu'imposent à tout Européen les frais de préparation des guerres futures s'élève à environ 25 francs par tête. On est contraint de s'en tenir à des chiffres approximatifs, tant il est difficile de démêler dans les budgets des grandes puissances la charge réelle et intégrale que leur impose l'entretien de leurs flottes et de leurs armées. On serait parfois tenté de croire qu'elles sont honteuses d'avouer aux peuples la folie qui les pousse toutes à consommer le plus clair de leurs ressources en un improductif gaspillage de forces.

Pour la France en particulier, où la charge des dépenses militaires dépasse 32 francs par tête, on serait bien loin d'arriver à ce chiffre, si l'on se contentait simplement, pour calculer la charge par tête de

Français, de tabler sur les budgets de la guerre, de la marine et de la défense des colonies.

Il faut tenir compte des pensions et secours, dont le chiffre va croissant d'année en année dans des proportions singulièrement inquiétantes, passant notamment de 164 millions en 1902, à 169 en 1903. Il faut aussi faire entrer en ligne de compte le budget de la Légion d'honneur, car il est impossible de considérer autrement que comme un chapitre annexe du chapitre de la solde, un budget qui permet de grossir un certain nombre de traitements militaires, et notamment ceux des hauts dignitaires qui commandent et administrent en si grand nombre nos armées. Il faudrait encore, pour être absolument précis, tenir compte de la part qui revient dans les budgets de chaque ministère aux exigences de la Défense nationale, par exemple — dans les frais d'organisation militaire du corps des Douanes (ministère des Finances) ou des Chasseurs forestiers (ministère de l'Agriculture) — ou dans les suppléments de garanties d'intérêts qui résultent de la nécessité imposée aux Compagnies de Chemins de fer d'entretenir en vue de la mobilisation des constructions, des lignes improductives (ministère des Travaux publics), — ou enfin dans les dépenses considérables d'encouragement à l'industrie chevaline, dépenses qui résultent directement de la nécessité de produire non des chevaux destinés au commerce, mais des chevaux de guerre.

Le total est pour notre pays d'environ 1.260 millions.

Si l'on compare ce chiffre aux chiffres analogues des grandes puissances militaires, et si l'on fait d'un côté le compte des millions et des soldats, de l'autre le dénombrement de la population, on doit constater qu'aucun peuple du monde, autant que nous, ne fait pour l'entretien de ses armées un effort aussi constamment gigantesque, un sacrifice aussi disproportionné avec ses forces.

Quelle que soit la face sous laquelle on envisage la question, quelle que soit la méthode employée pour poser les termes du problème, les résultats sont toujours les mêmes ; et si, traçant un graphique, on représentait par des courbes les diverses charges militaires du monde entier, on verrait ces courbes, toutes sans exception, s'élever d'une façon brusque, brutale, en regard du nom de notre pays.

Si le calcul des dépenses militaires est fait *par rapport aux dépenses totales* des différents états, on constate que :

La Russie dépense ainsi   25 p. 100 de ses ressources
L'Italie   —   22   —   —
L'Allemagne —   20 à 21   —   —
L'Autriche   —   17   —   —
La France   —   35   —   —

Qu'on compare, pour ces mêmes pays, les dépenses militaires, dépenses en somme *négatives*, aux dépenses *actives*, j'entends par là celles de l'Enseignement, des Travaux publics, d'Aministration générale, des Postes, des Télégraphes, celles de mise en valeur de nos colonies, d'assistance et de prévoyance sociale, les dépenses qui ont pour but le perfectionnement de l'individu ou l'amélioration de son sort, et l'on voit que les dépenses négatives de . l'Allemagne s'élèvent à 1200 millions quand ses dépenses actives dépassent 2 milliards ; en Italie, elles sont de 400 millions pour 615 millions de dépenses actives ; et en Russie de 1.100 à 1.00 millions contre 2.500 millions de dépenses actives.

Autrement dit, dans tous ces pays, les dépenses actives et productives de richesses dépassent les dépenses négatives, tandis qu'en France, et en France seulement, avec 1.260 millions de dépenses militaires et 1.220 millions de dépenses civiles la proportion est complètement renversée.

Qu'on introduise dans les termes du problème le calcul des dettes de chaque Etat et la proportion s'aggrave, devient plus effrayante encore pour nous. Notre dette dépasse 3o milliards, et constitue à elle seule la cinquième partie de la dette du monde entier. Chaque Français qui vient au monde doit actuellement 75o francs, il les doit par le seul fait de sa naissance, chargé ainsi d'un « péché originel » d'une singulière gravité. Il n'y a sur la terre que 2 citoyens qui doivent plus que lui : le citoyen australien qui doit 1.515 francs et le citoyen de la République de Honduras qui en doit 1.o95 ; les fils de tous les autres pays, sans exception, doivent moins ! Les Anglais et les Américains, dont la richesse, j'imagine, ne le cède guère à la nôtre, ne doivent respectivement que 37o francs et 7o francs par tête. Et si l'on recherche quel est, en face de ce passif effroyable de notre pays, l'actif qu'on peut mettre en balance, on ne trouve, abstraction faite du réseau des chemins de fer de l'Etat, que des chiffres dérisoires : notre dette est, si je peux employer cette expression un peu barbare, *une dette négative*. Des 3o milliards dont le poids écrasant pèse sur nous, plus des 3/4 ont été employés à payer la gloire des guerres heureuses, ou les rançons de nos défaites, et à refaire, à créer de toutes pièces une organisation militaire nouvelle. Les États germaniques, la Russie, au contraire, possèdent presque tous leurs chemins de fer, en contre partie de dettes, bien inférieures à la nôtre d'ailleurs, mais *dettes actives*, dettes correspondant à un capital matériel nettement défini.

Le total des dépenses improductives (dette et préparation à la guerre) absorbe chez nous les 2/3 des ressources de la nation (exactement 66 o/o) au lieu qu'elles n'entrent que pour un peu plus d' 1/3 (environ 4o o/o (dans les budgets de la Russie et de l'Allemagne : nous sommes réduits à l'impuissance ou tout au moins à la stagnation économique alors que ces puissances peuvent mettre en œuvre les ressources de leur propre sol.

La Chambre, à la fin de la dernière législature, vote un vaste et fécond programme de travaux publics ; elle comprend qu'il faut que nos fleuves, nos canaux, nos ports assurent à notre commerce des voies de de transport comparables à celles que possède l'Allemagne ; elle veut doter notre pays de l'outillage économique indispensable à une nation moderne. Il faut 7oo millions pour l'accomplissement de ce programme. Où les trouver dans un budget dont toutes les ressources sont absorbées par le paiement des coupons de la dette ou par les dépenses de préparation à la guerre ? Et alors qu'on dépenserait sans sourciller un milliard pour construire des canons ou des forteresses, on hésite à doter notre pays d'un instrument nouveau de prospérité, c'est-à-dire de force et de puissance. Décidés depuis plus d'un an par la Chambre, ces travaux attendent et attendront encore longtemps le vote du Sénat, impuissant à trouver dans notre budget anémié les ressources nouvelles permettant de nous organiser pour affronter la lutte économique avec des voisins que n'accablent pas comme nous le poids écrasant des dépenses improductives.

Il faut pourtant trouver ces ressources nouvelles, si nous ne voulons pas voir nous échapper ce qui fait le plus clair de notre force, cette richesse qui au lendemain de nos désastres nous permit un relèvement si rapide ; si nous voulons par un amortissement rationnel et méthodique réduire la dette effroyable qui entrave toute initiative et tout progrès ; si nous ne voulons pas enfin tromper les grands espoirs que la démocratie a mis dans la République.

Notre pays est parvenu au terme de ce que peut rendre l'impôt : tous les remaniements d'assiette du régime fiscal seront impuissants à modifier de façon durable cet état de choses.

Pour doter la France républicaine des institutions

sociales que des pays monarchiques ont créées avant
elle, seules des économies sérieuses peuvent donner les
les ressources nécessaires : assurément tous les départements ministériels en peuvent fournir, mais
nulle part ailleurs que dans les budgets militaires, on
n'en pourra trouver de véritablement considérables.

Ce n'est pas du reste en considérant exclusivement
le côté financier de la question, qu'on peut exactement peser nos charges militaires : l'Angleterre, depuis
le commencement de la guerre du Transvaal, dépense
plus qu'aucun peuple du monde, plus même que nous,
pour l'entretien de ses armées de terre et de mer : ses
budgets militaires de 1903 s'élèvent à plus d'un milliard
et demi, dépassant les nôtres de près de 300 millions ;
au point de vue strictement pécuniaire la charge de
chaque Anglais de ce chef est plus pesante encore que celle
du Français. Mais, par contre, l'Anglais est exonéré du
plus lourd de tous les impôts modernes, celui qui résulte
du service militaire obligatoire et universel, c'est-à-dire
l'arrêt forcé en pleine activité productrice du travail de
toute la fleur des jeunes hommes appelés sous les drapeaux. L'armée mercenaire anglaise est chère, les immenses flottes de la Grande-Bretagne sont chères,
mais grâce à cette armée et à ces flottes, protégé par
elles, l'Anglais peut poursuivre sans arrêt un labeur

que n'interrompent pas deux ou trois années de caserne.

Pour nous, si l'on envisage, non plus la dépense d'argent, mais la *dépense d'hommes*, les chiffres s'animent à notre détriment d'une nouvelle et terrifiante éloquence.

Le Royaume-Uni compte 40 millions d'habitants : à chacun de ces millions d'Anglais correspond un prélèvement normal de 1.170 recrues, tous engagés volontaires.

Par rapport au même chiffre de population, pour chaque million de Français, l'armée de la République incorpore chaque année 5.620 jeunes hommes appelés sous les drapeaux en vertu des lois.

L'armée Allemande	prend	4.120 recrues par million d'habitants.
— Italienne	— 3.130	—
— Russe	— 2.810	—
— Austro-Hongroise	— 2.670	—

Là encore, c'est nous qui détenons, et de bien loin, « le record » des charges ; c'est chez nous que la perte de richesses est de beaucoup la plus forte du fait de tous ces jeunes hommes enlevés, en plein travail productif, à la charrue ou à l'atelier.

La charge, d'ailleurs, de ce fait encore, ne se borne pas à une perte de richesses ! La question est plus haute et plus grave : car malgré le poids énorme de la charge financière qui pèse sur nous, nous pouvons à la rigueur la supporter, tandis que la dîme d'hommes prélevée sur la jeunesse française est si lourde qu'elle frappe la nation dans son principe vital et plus profondément, plus dangereusement que n'importe quelle dépense d'argent, si extrême soit-elle !

Pour remplir les cadres démesurément accrus de nos régiments métropolitains, de notre armée coloniale, et pour monter nos vaisseaux, il faut des hommes robustes, sains, forts. La population de la France n'est plus suffisante ! Qu'importe ? On incorpore tous ceux que ne signale pas une tare ou une infirmité trop apparente, les faibles, les débiles, les tuberculeux en un mot, qui succomberont demain, mais non sans laisser derrière eux, à ceux qui restent, aux robustes et aux forts, le germe perfide du fléau le plus terrible des sociétés modernes.

Une interpellation récente a révélé à la France que la mortalité était 3 fois 1/2 plus forte dans notre armée que dans l'armée allemande ; le pays a appris avec stupeur que, depuis trente ans, l'armée allemande a perdu par les maladies l'effectif d'une division sur le pied de guerre, mais la France celui de 3 corps d'armée, soit 100.000 hommes.

Les casernes, les eaux non potables, ont été rendues responsables de cette effroyable hécatombe ; la médecine militaire et ses pratiques ont été mises en cause. A mes yeux, toutes ces raisons, quelque sérieuses qu'elles puissent paraître, sont accessoires ; la raison primordiale et prépondérante de ces pertes, c'est l'incorporation intensive de toute la jeunesse française, et par suite fréquemment celle d'hommes hors d'état de faire des soldats.

Ainsi donc, que l'on fasse le compte des millions, ou le compte des hommes, toujours l'examen des statistiques et des chiffres ramène à la même conclusion :

Si nous continuons à prélever pour la préparation à la guerre une proportion de millions et de soldats disproportionnée avec nos ressources réelles en argent et en hommes, si nous continuons à payer de ce fait une « prime d'assurance » et des frais généraux infiniment plus lourds que ceux que payent nos concurrents dans le monde, si par la saignée, ainsi largement et constamment ouverte en temps de paix, s'écoule le plus pur de notre sang, le plus clair de notre puissance productive, la France s'anémiant volontairement elle-même aura vite fait de tarir à leur source même sa richesse, sa vitalité économique et sa fécondité propres.

III

Comment la République en est-elle arrivée à porter
une proportion de charges militaires plus lourde
qu'aucun peuple du monde? Les raisons en sont multiples et complexes, mais la cause principale est assurément la préoccupation constante de toute une génération d'hommes dans notre pays, de presque tous
ceux qui ont vécu l'année terrible, de maintenir constamment nos forces du temps de paix égales à celles
de l'Allemagne.

Au lendemain de nos désastres, après le vote de la
loi d'organisation du 24 juillet 1873, l'armée française
et l'armée allemande atteignaient un effectif à peu près
identique de 430 à 450.000 hommes.

Deux ans après cette première loi, fondement de
notre organisation militaire, l'Assemblée nationale
vote celle du 13 mars 1875, décide la création des
4ᵐˢ bataillons et porte ainsi de 497 à 641 le nombre

des bataillons du temps de paix : l'Allemagne, à la même date, n'en a que 470.

Le parti militaire allemand, inquiet de nos accroissements d'effectifs, surpris de la promptitude de notre relèvement militaire, irrité aussi de la résistance à l'assimilation que présentent les Alsaciens–Lorrains, essaye, à cette date, d'amener l'empereur à une guerre préventive immédiate qui briserait définitivement les ressorts d'une énergie et d'une vitalité qui renaissent trop vite. Il se heurte à la répugnance du vieux Guillaume, il se heurte surtout à l'opposition opportune de deux grandes puissances, qui rendirent, dans cette occasion, à la France et à l'humanité un incomparable service. L'une de ces puissances, la Russie, est depuis lors devenue notre alliée fidèle ; l'autre semble aujourd'hui oublier de passagers dissentiments et paraît se souvenir que, depuis près d'un siècle, nous nous sommes maintes fois, Anglais et Français, donné de fortes et durables preuves de notre mutuelle amitié.

Arrêté dans ses projets de guerre, le grand état major allemand prend dès lors le parti de nous suivre et souvent de nous précéder dans la voie de l'accroissement des effectifs. Il crée en 1876 dans chaque régiment un cadre de 4ᵉ bataillon, puis un peu plus tard (en 1880), 33 nouveaux bataillons et 40 batteries.

Quelques années s'écoulent, le général Boulanger arrive au pouvoir ; « le parti de la Revanche » multiplie en France ses manifestations belliqueuses : l'Allemagne vote un nouveau septennat accroissant l'effectif de paix de 20.000 hommes, créant 31 nouveaux bataillons et 24 nouvelles batteries. Un peu plus tard, elle organisé 2 nouveaux corps d'armée, le 16ᵉ en Lorraine, le 17ᵉ à Dantzick ; et, de nouveau, en 1893, elle accroît son infanterie de 21 bataillons, de 173 demi-bataillons, et son artillerie de 130 batteries. La conclusion de l'alliance russe détermine l'Empire à faire encore un puissant effort : il crée 42 nouveaux régiments d'infanterie, 80 batteries ; enfin il forme 3 corps d'armée (le 18ᵉ Prussien ; le 2ᵉ Saxon ; le 3ᵉ Bavarois).

En France, à la suite de l'incident Schnœbelé, le ministère de la Guerre demande, et obtient du Parlement la création du 18 régiments régionaux à 4 bataillons et de 11 régiments de cavalerie !

Puis en 1897, pendant le ministère du général Billot, 145 quatrièmes bataillons sont créés, le nombre des batteries de campagne est porté à plus de 500 ; presqu'en même temps, un nouveau corps d'armée, le 20ᵉ, est formé à Nancy.

Dans ce même laps de trente années, notre pays

accroît dans des proportions encore plus considérables ses unités coloniales :

De 40 bataillons et 28 batteries, en 1873, les troupes coloniales (infanterie et artillerie de marine) passent à 63 bataillons et 76 batteries en 1903 ; les troupes indigènes (Sénégalais, Tonkinois, Malgaches), presque inexistantes après la guerre de 1870, comptent aujourd'hui 40 gros bataillons. Enfin la panique de Fashoda en 1899, entraîne la création précipitée de 8 bataillons de turcos, de 4 bataillons de zouaves, sans parler de l'impulsion nouvelle qu'elle donne au ministère de la marine, qui se lance dans la construction de cuirassés mastodontes de 15.000 tonnes.

Rien ne peut mieux résumer cette trop longue énumération des accroissements successifs des forces allemandes et françaises depuis trente ans que les chiffres mêmes des effectifs de paix des deux peuples ;

1873	**1903**

Allemagne

Armée métropolitaine

1873	1903
440.000 hommes, 20.000 off.	587.000 hommes, 24.000 off.
470 bataillons.	635 bataillons.
465 escadrons.	482 escadrons.
310 batt. d'art. de camp.	574 batt. d'art. de camp.

Équipages de la flotte

5.5oo hommes,   4oo officiers. | 28.00o hommes,   1.6oo offic.

Armée coloniale

Néant.	6.ooo hommes, 4oo offic.
Total : 445 5oo h., 2o.4oo of.	Total : 62t.ooo h., 26.ooo of.
4t millions d'habitants.	56 millions d'habitants.

France

Armée métropolitaine et armée d'Algérie et Tunisie

45o.ooo hommes, 23.ooo off. | 57o.ooo hommes, 29.ooo off.
497 bataillons. | 692 bataillons.
392 escadrons. | 445 escadrons.
36t battteries. | 4o8 batteries.

Équipages de la flotte

28.5oo hommes,   2.ooo off. | 45.ooo hommes,   3.5oo off.

Armée coloniale

22.ooo hommes,   t.ooo off. | 87.ooo hommes,   2.95o off.
4o bataillons français. | 63 bataillons français.
2 bataillons indigènes. | 4o bataillons indigènes.
28 batteries. | 76 batteries.

Total : 5oo.5oo h., 26.ooo of.	Total : 702.ooo h., 35.45o of.
36 millions d'habitants.	38 millions 1/2 d'habitants.

Depuis 1873, la population française n'a pour ainsi
dire pas varié. Notre pays pourtant tendant dans un
effort gigantesque tous les ressorts de son énergie, a
voulu suivre, plus même, il a voulu surpasser les
progrès et le développement de l'armée allemande :

il a créé des bataillons sans faire le compte des hommes, en même temps qu'il construisait des vaisseaux et occupait des territoires sans faire le compte des millions. — L'Allemagne au contraire dans ces 3o dernières années a vu sa population augmenter de plus d'un quart, d'environ 15 millions. Son effort militaire colossal à la vérité, mais rationnel et proportionné à ses forces, s'est à peu près accru dans une proportion analogue.

Je ne saurais mieux comparer notre situation qu'à celle de ces malades que l'hypertrophie du cœur met à la merci d'une catastrophe : nous souffrons de l'hypertrophie d'un des organes essentiels de la vie nationale, les institutions militaires, hypertrophie morbide et funeste qui atteint la nation dans son développement régulier et nécessaire.

Nous sommes arrivés à une heure de notre histoire qui peut être décisive : si la France ne sait pas réduire à ses justes limites la proportion de ses dépenses stériles, elle aura vite fait de devenir moins riche et moins prospère, et dans un temps qui peut être très bref, de cesser entièrement de l'être.

Faut-il répéter encore qu'il ne s'agit pas dans ma pensée de renoncer à posséder en ce moment, et dans un prochain avenir, une armée forte, sauvegarde nécessaire de nos libertés dans l'Europe en armes.

Jaurès, le 23 janvier dernier, proclamait hautement que son magnifique idéal ne serait intégralement réalisable que le jour où les peuples « se seront donnés à eux-mêmes un gage décisif de sécurité réciproque par le *désarmement simultané* ». Le jour viendra sûrement, il faut être aveugle pour ne pas le voir, où un pacte décisif de paix sera conclu entre les peuples européens ! Mais tout en aspirant à la paix universelle féconde et durable, je n'oublie pas la vérité, fondamentale à mes yeux, qu'exprimait à la fin du xviii° siècle un des plus grands philosophes de l'Allemagne : je crois que, suivant la parole Kant (1), « le jour viendra sûrement où se constitueront les Etats-Unis d'Europe, mais que, jusqu'à ce moment suprême, chaque peuple devra avoir la main sur la garde de son épée : autrement il risquerait de disparaître avant le grand jour. »

Oui, il faut avant tout ne pas disparaître et vivre, mais si, en attendant la date plus ou moins lointaine où paraîtra l'aube éclatante et radieuse de la paix européenne, nous devons, comme le disait Cromwell, « garder notre poudre sèche » du moins est-il du devoir étroit de ceux qui ont charge des destinées de

(1) 1795. — Koenigsberg.

la France de restreindre au *minimum indispensable* un effort militaire qui risque de se prolonger longtemps encore ; il faut mesurer notre effectif, non à celui de l'Allemagne, mais strictement au nombre d'hommes valides et forts que nous donne notre recrutement, restreindre le nombre de nos officiers et sous-officiers en temps de paix juste au chiffre nécessaire pour instruire et commander ces recrues, demander enfin les ressources nécessaires pour encadrer les millions d'hommes de réserves, non à des cadres et des états majors pléthoriques, mais à la Nation, autrement dit à ces réserves elles-mêmes ; ce sont elles, qui doivent fournir à l'armée mobilisée, les hommes nécessaires pour faire une grande partie des chefs, comme elles les fournissent pour faire presque tous les soldats.

Ce programme est-il réalisable ? Est-il possible, *sans affaiblir notre puissance défensive*, de diminuer notre effectif permanent, et de réduire d'un chiffre notable le colossal amas de millions que notre pays paye chaque année comme prime d'assurance contre la guerre.

Très nettement, on peut répondre : oui.

Sans entrer dans l'examen de détail d'un organisation nouvelle, examen technique qui risquerait fort d'être fastidieux (1) je voudrais indiquer à grands traits la forme nouvelle d'une organisation rationnelle de nos armées métropolitaine et coloniale, organisation qui peut, à mon sens, diminuer, dans des proportions très importantes, je dirai volontiers colossales, nos charges en argent et en hommes, et donner en même temps à notre armée, débarassée de tous les accessoires inutiles, commandée désormais, non par de multiples généraux vieillis, mais par des chefs peu nombreux et jeunes, une vigueur nouvelle, une puissance non point seulement égale, mais supérieure à mes yeux à celle de la machine actuelle, coûteuse, archaïque et lourde.

(1) Une proposition de loi complète et détaillée de réorganisation de nos armées a été déposée sur le bureau de la Chambre. Document parlementaire n° 1045.

IV

La France entretient en permanence dans ses quatre armées (armée métropolitaine, armée d'Algérie-Tunisie, armée coloniale, armée de mer) *740.000 hommes* dont plus de 65o.ooo français. Seule dans le monde, la Russie, avec 9o millions d'habitants de plus que nous, arme en temps de paix plus de soldats : toutes les autres nations de la terre ont de moindres effectifs sous les drapeaux.

Déduisons les équipages de la flotte, les troupes d'Afrique et les régiments coloniaux : l'armée métropolitaine seule, considérée isolément, compte *500.000 hommes* et 26.ooo officiers. Proportionnellement à la population, ce nombre de soldats est de beaucoup supérieur, on ne le répètera jamais trop, à ceux qu'entretiennent toutes les autres puissances. Ces effectifs permanents des armées nationales anglaise, autrichienne, italienne et russe sont loin d'atteindre la proportion de *1 soldat par 100 habitants*. Cette proportion considérable que de Moltke, il y a 20 ans, déclarait impossible à dépasser, que l'Allemagne atteint à peu près exactement, doit être considérée comme la limite extrême de ce qu'un pays peut entretenir de soldats (1).

Nous sommes 38.500.000 d'habitants ; bon gré, mal gré, il faut donc admettre que l'effectif de l'armée, sans parler ni des militaires de carrière (officiers et sous officiers rengagés), ni des troupes coloniales, ni des équipages de la flotte — doit être non de 500.000 hommes, *mais de 380.000 à 400.000* hommes en temps de paix.

Il est d'ailleurs une autre raison, raison absolument péremptoire et décisive, de considérer ce chiffre comme un maximum qu'il nous est désormais matériellement impossible de dépasser :

(1) l'Angleterre avec 42.000.000 d'habitants n'a que 280.000 soldats européens (Armée des Indes comprise)

L'Allemagne avec plus de 56.000.000 d'habitants n'entretient que 587.000

L'Autriche avec plus de 45.000.000 d'habitants n'entretient que 346.000

La Russie avec plus de 129.000.000 d'habitants n'entretient que 1.070.000

L'Italie avec plus de 32.500.000 d'habitants n'entreteint que 213.000

Depuis 15 ans, nos contingents annuels varient entre 235.000 (maximum atteint en 1893) et 201.000 (minimum atteint en 1898). La moyenne est de 215.000 à 220.000 avec une tendance constante à décroître ; et cette tendance s'explique d'elle-même par la seule inspection de la statistique des naissances masculines, dont la moyenne de 1876 à 1900 est tombée de 481.000 à 431.000 (1).

Alors même que nous persévérerions dans la voie néfaste où nous sommes entrés en incorporant pêle-mêle tous les jeunes gens de 20 ans, les médiocres comme les bons, les débiles aussi bien que les plus robustes, il est donc évident, indéniable que, avant 10 ans, la moyenne des contingents annuels, subissant une diminution proportionnelle à celle des naissances, tombera au-dessous de 200.000 hommes. Le service de 2 ans, dont l'adoption ne saurait actuellement faire de doute, fournira tout au plus à l'armée deux fois 200.000 hommes ; on est donc encore amené

---

(2) Tableau des naissances masculines de 1876 à 1900 par périodes quinquennales :

1876-1880.....	481.000 naissances masculines annuelles			
1881-1885. ...	478.000	—	—	—
1886-1890.....	463.000	—	—	—
1891-1895.....	438.000	—	—	—
1896-1900...,.	431.000	—	—	—

à conclure, avec une rigueur mathématique, que notre armée métropolitaine ne devra normalement compter que 380.000 à 400.000 hommes.

C'est environ 100.000 de moins que l'effectif artificiel et hors de toute mesure, que nous tentons d'entretenir en nous donnant l'illusion d'une force qui n'est pas réelle.

Cette illusion enfantine d'une force artificielle semble être, d'ailleurs, une des caractéristiques de de notre organisation militaire actuelle : avec 18 millions d'habitants de moins que les Allemands, nous prétendons les surpasser en entretenant en permanence 260 compagnies d'infanterie de plus qu'eux, unités anémiées, pourvues de chefs surabondants, qui, ayant peu ou parfois pas de soldats à commander, sont trop souvent réduits à une demi oisiveté qui engourdit les caractères et amollit les énergies. Si donc, contrairement à l'opinion généralement admise, contrairement à l'affirmation répétée à diverses reprises à la tribune du Sénat, la République doit, en instituant le service de deux ans, largement réduire des effectifs disproportionnés avec ses forces réelles, elle doit en même temps accomplir une modification connexe plus radicale encore, dans toute l'organisation de son armée : c'est la réduction des unités entretenues, réduction basée sur le principe, *évident* semble-t-il et pourtant inappliqué, que le nombre des régiments est proportionné au nombre des soldats.

Dans toutes les armes, pour que les troupes aient une vie active, pour que tous s'instruisent et progressent, il est indispensable que les unités ne soient pas réduites à des cadres vides, il est nécessaire que leur effectif n'en arrive pas à être trois ou quatre fois inférieur à l'effectif réel d'une compagnie, d'un escadron ou d'une batterie sur le pied de guerre.

Prenant comme base logique le chiffre de notre population, nous ramènerons notre effectif de paix à un chiffre rationnel ; en même temps, nous pratiquerons résolument des diminutions très importantes, d'une part *sur le nombre des unités existantes*, qui partout, sauf sur nos frontières, sont actuellement réduites à l'état de maigres squelettes et de fantômes languissants, et d'autre part sur les cadres surabondants de leurs officiers et sous-officiers.

Est-il besoin d'affirmer que ce qui vient d'être dit des troupes s'applique encore, peut-être avec plus de force, aux services multiples qui ont la charge de distribuer à l'armée la solde, les soins médicaux, les vêtements, les vivres et le couvert ? Leur accroissement a marché de pair avec celui de nos régiments ; peut-être même a-t-il été encore plus rapide. Ils ont obéi à la loi commune à toutes les administrations, et cédé au désir de se donner chaque jour une plus grande importance. Puis, là comme ailleurs, la République a entouré d'un respect presque religieux les institutions de la monarchie, et sans jamais détruire quoi que ce soit du coûteux héritage des armées du passé, elle a superposé aux anciens de nouveaux organes.

Il était naturel, par exemple, que les armées de jadis, corps fermés, sans cesse en mouvement, eussent en permanence avec elles tous les médecins ou tous les ingénieurs et architectes qui pouvaient lui être nécessaires, comme elles avaient leurs maîtres à danser ou leurs chapelains propres. Mais je prétends, au contraire, que dans une armée nationale sédentaire, il n'est pas besoin, pour construire une caserne, d'un colonel du Génie escorté de tout un état major, et qu'au contraire, tel homme du métier la saura construire mieux, plus vite et deux fois moins cher. De même il ne m'apparaît pas clairement que le praticien qui dispense au soldat malade les soins et les médicaments, doive forcément toujours être un spécialiste exclusivement militaire, chamarré de galons, possédant la science consommée de l'équitation aussi bien que celle de la médecine.

L'existence même de ces grands services de l'armée (santé, génie, intendance, etc....) est une conséquence logique de la division du travail, dans cet organisme infiniment complexe qu'est une armée moderne ; ils constituent dans cette armée des organes de direction nécessaire. Mais, de même que nous ne devons conserver aucun officier qui n'ait, en temps de paix, un commandement réel et une fonction effective, de même que nous trouverons dans les réserves une grande partie des cadres subalternes des troupes mobilisées, de même nous allègerons tous les services de l'armée en utilisant largement, dès le temps de paix, les ressources de la nation en ingénieurs, en médecins ou en architectes.

Le Haut Commandement. — Enfin si la faiblesse de notre population nous impose de ramener notre effectif de paix de 5oo.ooo à 4oo.ooo hommes, si cette réduction nécessaire de l'effectif entraîne une diminution des unités, un allègement considérable des cadres et de tous les services, le haut commandement doit, plus encore, à mes yeux, qu'aucune des autres parties de la machine militaire, subir une transformation radicale.

De multiples comités, d'inutiles commandements

sans troupes permettent de doter de quasi-sinécures un très grand nombre d'officiers généraux. D'autres, sont pourvus de commandements effectifs et occupent des postes où la présence d'un chef est nécessaire. Mais presque tous, ils sont des vieillards, ou, si le mot vieillard peut paraître dur à des hommes qui, personnellement, sont profondément dignes de respect et d'estime, on est néanmoins en droit de dire que presque tous ont passé l'âge où la maturité de l'esprit, la plénitude du savoir peuvent se trouver alliées dans le même individu à une vigueur physique restée entière.

A part quelques hommes exceptionnels, qu'il serait facile de nommer, pas un général de notre armée n'est capable de fournir pendant des semaines le développement intensif d'activité corporelle et de travail intellectuel qu'exigerait en cas de guerre la conduite de nos armées. La nation s'épuise en un effort constant et démesuré pour être sûre de posséder, le jour venu, un instrument de guerre aussi fort que possible, et cet instrument qui est formé de toute la France en armes, cet instrument dont le maniement exige une vigueur et une activité entières, cet instrument qui, maladroitement utilisé, peut être brisé en quelques heures laissant la patrie à la merci d'un adversaire plus habile, cet instrument coûteux et formidable, la République le place dans les mains affaiblies d'hommes qui, d'après les simples lois de la nature humaine, ne possèdent plus et ne peuvent plus posséder dans leur intégrité les forces physiques et morales nécessaires pour en tirer parti.

Deux fois trop de généraux et des généraux trop vieux de dix ans ! Tout homme ayant approché le haut commandement de notre pays, sera d'accord avec moi pour reconnaître que le tableau n'est point poussé au noir, et que la critique reste peut-être encore en deçà de la réalité.

Assurément le budget de la guerre réalisera une économie, si on diminue de 5o o/o le nombre de nos généraux ! mais combien petite et insignifiante est cette réduction de dépenses à côté du progrès réalisé pour l'armée elle-même, rénovée tout entière par ce rajeunissement radical de tout le haut commandement (1).

L'armée coloniale. — Son existence est une nécessité de l'orientation de notre politique dans le sens de l'expansion extra-européenne ; qu'on critique dans son principe, ou qu'on loue la politique coloniale, il

(1) Dans le projet que je présente au Parlement, j'ai fixé à 56 ans la limite d'âge des officiers généraux.

ne saurait actuellement venir à la pensée de personne de laisser sans défense les territoires immenses dont la conquête nous a coûté beaucoup d'or et de sang.

Mais, si la nécessité de l'armée coloniale n'est pas contestable, la constitution de la nôtre, faite sans plan général, sans idée directrice d'ensemble, est critiquable à tous égards. Au lieu d'une armée coloniale, méthodiquement organisée, méthodiquement accrue à mesure que s'accroit notre empire d'outre mer, nous en avons deux.

L'une, l'armée d'Algérie, relève directement du ministre de la Guerre ; l'autre, formée des troupes coloniales proprement dites, est longtemps restée sous la coupe du ministre de la Marine, et depuis deux ans, jouit d'une semi-indépendance sous l'autorité assez mal départagée des ministres des Colonies et de la Guerre.

Cette dualité, pour être tout à fait illogique, ne s'en explique pas moins très simplement : hors des mers d'Europe, c'est au département de la Marine que sont revenus l'honneur et la charge de nous donner l'Indo-Chine, Madagascar, l'Afrique Occidentale. Plus près de France, c'était, au contraire, le département de la Guerre qui avait fait la conquête de l'Algérie, puis l'expédition de Tunisie.

Et l'on retrouve, au sud de la Méditerranée, plus marqué encore peut-être qu'en France, le caractère d'immutabilité que je notais tout à l'heure dans l'armée métropolitaine ; on a dû, à un moment déterminé de la conquête de l'Afrique du Nord, créer un régiment, organiser un service pour faire face à tel besoin immédiat et défini : la tâche accomplie, la besogne faite, rien n'a plus jamais été modifié à la formation qui répondait à la nécessité passagère d'un moment, mais qui subsiste désormais telle quelle. C'est ainsi qu'on voit dans cette magnifique Algérie pacifiée toute « l'armée d'Afrique » identique à ce qu'elle était aux plus dangereux moments de troubles et de combats, troupes pittoresques et braves, « sans peur et sans reproche », mais à la constitution desquelles on peut adresser pourtant cette critique : elles attendent l'arme au pied, superbes, des adversaires qui furent redoutables, mais..... qui pour une large part sont devenus eux-mêmes nos auxiliaires (1).

(1) C'est ainsi, par exemple, que les spahis furent créés au moment de la conquête pour combattre la cavalerie arabe avec des moyens analogues aux siens. La cavalerie arabe a été vaincue, il y a quarante ans. Formée maintenant en goums ou en magkrens, elle venait, il y a quelques mois, défiler devant le chef de l'État, sous la conduite d'officiers français des affaires indigènes. Les spahis, créés jadis pour combattre les goums, galopaient co

La réforme de notre armée, réforme que l'opinion ne tardera pas à considérer comme nécessaire, doit être complète : elle ne doit pas aller sans une refonte de l'armée coloniale, sans un groupement sous une seule autorité des troupes qui, avec un but identique, des conditions d'existence analogues, sont, par suite de rivalités entre des départements ministériels différents, restées absolument distinctes avec des frais généraux doubles et un immense gaspillage d'argent et d'hommes.

En résumé, je crois que, si, tout en affirmant constamment son idéal pacifique, la République française a besoin de rester forte pour rester libre, du moins peut-elle et doit-elle diminuer dans une large mesure le poids écrasant des armements à outrance.

Elle doit le faire parce que pour les dépenses de guerre, dépenses d'argent, et plus encore dépenses d'hommes, pour les charges improductives et stériles, il est un point limite qu'une nation n'a pas le droit de dépasser, si elle ne veut pas que le pays tout entier soit frappé aux sources mêmes de sa prospérité, de sa richesse et de sa vie : j'ai comparé notre situation à

jour-là à côté d'eux. Il serait facile de relever dans la constitution de l'armée algérienne de multiples exemples de ce genre.

celles des grandes puissances qui nous environnent, et la comparaison fait clairement ressortir que ce point limite, notre pays l'a largement dépassé.

Elle peut le faire, elle le peut même dans un avenir très prochain : l'adoption définitive du service de deux ans n'est plus qu'une question de quelques mois ; sa mise en vigueur doit, à mes yeux, coïncider avec une transformation complète et méthodique de tout le vieil édifice militaire que la République a reçu comme un legs des régimes monarchiques et conservé depuis trente ans dans sa forme ancienne avec un religieux respect, édifice auquel, sans jamais rien supprimer ou modifier, elle a chaque jour apporté un accroissement nouveau.

Le service de deux ans ne peut nous donner que 400.000 hommes ; contentons-nous de cet effectif ; instruisons, en vue de la défense éventuelle de leurs libertés, tous les Français valides, mais n'essayons pas comme la grenouille de la fable d'aller au-delà de nos forces.

Pour les troupes métropolitaines, ramenons le nombre de nos unités à un chiffre tel qu'aucune compagnie d'infanterie n'ait moins de 140 soldats ; effectuons sur les cadres des réductions analogues ; simplifions par l'utilisation des ressources civiles les services

enflés d'un personnel pléthorique ; profitons de ce re-
maniement complet de la vieille machine pour supprimer tous les organes devenus inutiles, et pour leur
en substituer de mieux adaptés aux nécessités de la
guerre moderne ; — pour les troupes hors d'Europe,
groupons en un seul faisceau les forces actuellement
disséminées des troupes coloniales et de l'armée d'Algérie, donnons à celle-ci une organisation conforme à
l'état d'un pays longtemps en insurrection constante,
mais aujourd'hui pacifié ; — ayons enfin, pour commander nos forces, des généraux deux fois moins nombreux, mais de dix ans plus jeunes.

Et comme résultat, c'est le budget de nos armées ra-
mené de 910 millions (1) à environ 775 millions. C'est
en permanence 100.000 français en moins sous les drapeaux ! C'est aussi, en fait, avec une dépense beaucoup
moindre, avec une façade moins voyante et moins
vaste, un organisme militaire plus rationnellement
organisé, plus solide, plus fort, parce que les mains
de ceux qui le dirigent sont des mains fermes et
jeunes.

En appliquant à l'armée de mer, à son luxe de

____

(1) Budgets de la guerre et de la défense des colonies plus les
pensions, secours, décorations, relevant de ces deux grands
groupes de dépenses.

cadres et de services, à ses innombrables organes accessoires, le système des transformations et simplifications que je prétends réalisables dans nos armées de terre, il ne saurait faire de doute pour moi que les économies budgétaires réalisées pourraient, sans la moindre peine, de 135 millions être portées à plus de 150 millions.

Cette ressource régulièrement et méthodiquement appliquée à l'amortissement nous permettrait d'imiter la sage politique financière de l'Angleterre ; nous pourrions commencer à éteindre la dette colossale dont le poids nous place vis à vis des autres nations dans une grave situation d'infériorité. Et, très vite à mon sens, le résultat se ferait sentir, car la France avec son merveilleux crédit commençant à sérieusement amortir, c'est bien vite la rente française portée à si haut prix qu'il deviendrait possible de la convertir, d'en diminuer immédiatement le taux et d'amoindrir dans des proportions considérables la charge des arrérages annuels.

V

Les partis qui se sont fait une spécialité soi disant patriotique de « protéger » l'armée, considérée comme un être à part, existant indépendamment du pays, et presque en dehors de lui, ces partis ne sauraient faire leurs des projets qui visent à réduire l'importance exclusive et prépondérante, à mes yeux dangereusement démesurée, qu'ont prise dans notre pays les organes de préparation à la guerre. Ces partis ne peuvent, au contraire, que combattre de tels projets, et les alliés ne leur feront point défaut, tant sera formidable, pour les empêcher d'aboutir, la coalisation de tous les intérêts qui vivent paisiblement de l'exploitation de la Défense Nationale.

C'est notre Ministre actuel de la Marine qui s'écriait, il y a trois ans :

« Je ne saurais dire combien l'on est inquiet quand on voit à quel point des intérêts locaux et particuliers,

des intérêts de corps, le besoin de donner plus d'importance au service dont on fait partie, finissent par
prendre un empire déplorable sur les meilleurs patriotes
à leur insu ! » (1).

On ne saurait mieux dire ! Et tous ceux qui tente-
ront de toucher à l'organisation actuelle de l'armée
autrement que pour l'accroître sont sûrs de voir se
dresser contre eux « tous ces intérêts locaux et particuliers, tous ces intérêts de corps ». Et « la grandeur
de la France », la « sécurité des frontières » seront
les arguments ordinaires de tous ceux qui, vivant du
régime de la paix armée, n'ont pas l'âme assez haute
pour comprendre et déplorer les effroyables abus de
ce régime.

On fera valoir, la chose est certaine, que la France
est entourée de puissances qui ne cessent d'accroître
leurs armements : on dira que l'Autriche discute en ce
moment même un projet d'accroissement de son
effectif ! On montrera l'Allemagne s'apprêtant à voter
un nouveau septennat, à créer de nouveaux régiments
d'infanterie (2) et de cavalerie, au moment même où

(1) Pelletan, Chambre des députés, Séance du 18 juin 1900.
(2) Il est question dans les sphères militaires allemandes de
créer, l'an prochain, *si le Reichstag accorde les crédits*, 42 nouveaux
bataillons d'infanterie et 20 ou 25 escadrons.

nous commettrions l'imprudente folie de réduire les nôtres.

Oui, mais l'Autriche comme l'Allemagne ont encore d'immenses réserves de jeunes hommes robustes, alors qu'il ne nous reste, comme suprême ressource pour maintenir notre effectif immuable, que des débiles et des tuberculeux (1).

D'ailleurs, la question est encore plus haute : j'ai brièvement relaté comment à partir de 1873 la France avait, sous l'empire des préoccupations *les plus nobles et les plus légitimes*, accru ses forces militaires suivant une progression croissante, constamment suivie dans cette voie d'abord par l'Allemagne, soucieuse de ne point se laisser devancer par sa voisine, puis comme contre-coup par tout le Vieux Monde.

La France d'il y a vingt ans voulait-elle provoquer la guerre? Non sans doute, mais pourtant, en même temps qu'elle accroissait ses troupes d'une façon progressive et ininterrompue, elle formait d'une façon plus ou moins confuse le vœu secret qu'un événement quelconque vienne rendre inévitable une guerre qui lui

(1) Je ne peux pas considérer autrement, dans un ensemble, toute la catégorie des « demi-bons » que le Sénat propose d'incorporer comme soldats!

fournirait l'occasion de prendre l'éclatante et nécessaire revanche de ses défaites.

La France de 1903 ne pense plus de même.

L'âge d'homme est arrivé, et tous les jeunes Français ont constaté que la génération qui les avait précédés les avait leurrés en s'abusant elle-même.

Aujourd'hui la jeunesse française est fière d'affirmer qu'elle a pris conscience d'elle-même ! Assurément elle ne saurait *rien oublier* ! Plus encore que des jours de gloire et de joie, elle se souvient des jours de deuil et de tristesse de la Patrie. Passionnément éprise de sa liberté, elle est prête à se lever tout entière d'un élan unanime pour défendre ses droits et son sol contre le prince assez criminel pour déchaîner sur l'Europe une tempête sanglante ; et c'est pour cela qu'elle veut que son pays soit fort.

Mais, sans ambage et sans détour, elle affirme sa volonté résolument pacifique ! Elle aspire tout entière à l'union, réparatrice des violences injustes, des peuples européens entre eux, union dans laquelle, confiante dans le clair génie de notre race, elle sait que son rôle ne peut être que grand, généreux, fécond et magnifique.

Pendant trente années l'Europe, abusée sur nos intentions véritables, s'est armée à notre exemple pour nous contraindre, s'il le fallait, à renoncer à jeter le trouble dans le monde.

Si demain, *sans vouloir rien diminuer de notre puissance défensive*, nous affirmons de façon éclatante notre politique pacifique par une diminution de notre effectif et de nos dépenses militaires, *l'Europe ne peut que suivre à son tour l'élan que nous aurons donné.*

Réduire les premiers nos charges militaires, c'est donc, je le répète, une question beaucoup plus haute encore qu'une économie féconde de 150 millions, qu'une nécessaire diminution d'effectif de 100.000 hommes : ces réductions peuvent être le point de départ d'un mouvement inverse de celui qui emporte l'Europe depuis vingt ans !

FIN

IMPRIMERIE BUSSIÈRE. — SAINT AMAND (CHER)